D1825797

INTELLIGENZA EMOTIVA

La forza delle Emozioni per Gestire Ansia e Pensieri Negativi. Migliorare sé stessi e il proprio approccio alla Vita, sul luogo di Lavoro e nelle Relazioni con gli altri.

Hayden J. Power

Indice

Introduzione **5**

Capitolo 1: L'IE ci aiuta a diventare la migliore versione di noi stessi **13**

    1.1 Migliore salute mentale................................... 14

    1.2 Eccellere nella vita accademica e professionale... 16

    1.3 Non sentirsi soli 18

    1.4 Diventare più felici e più resistenti................. 21

    1.5 Adottare abitudini sane e lasciare quelle negative... 23

    1.6 Migliore salute fisica...................................... 26

Capitolo 2: Migliorare le nostre relazioni con gli altri attraverso l'intelligenza emotiva **29**

    2.1 Migliore comunicazione con gli altri............. 29

    2.2 Costruire relazioni e amicizie sane 31

    2.3 Un alto IE ti rende una risorsa per i tuoi cari .. 35

    2.4 Ruolo dell'IE nel successo del matrimonio e delle relazioni intime. 37

    2,5 EI e ruoli quotidiani 41

Capitolo 3: Come l'intelligenza emotiva rende migliore la vita lavorativa... **45**

    3.1 L'IE aiuta a trovare un lavoro 47

3.2 Un'organizzazione emotivamente intelligente produce i migliori risultati........................ 49

3.3 Intelligenza emotiva e leadership................ 52

3.4 L'alto IE ti rende un lavoratore migliore nel complesso.. 55

3.5 Intelligenza emotiva nelle diverse professioni 59

Capitolo 4: Il QI senza QE non è sufficiente per avere una vita di successo 63

4.1 L'IE è più importante del QI? 65

4.2 Avere un alto QI ha anche molti lati negativi 70

4.3 Insieme è meglio 75

Capitolo n.5: Modi per sviluppare elevate capacità di intelligenza emotiva 77

5.1 Si possono apprendere le capacità di intelligenza emotiva? 77

5.2 Fasi di apprendimento dell'intelligenza emotiva 79

5.3 Migliorare le proprie capacità di IE 86

5.4 Meditate 92

Conclusione 93

Introduzione

C'era una volta un re che aveva sette figlie e tutte lo amavano molto. Una sera a cena, mentre si deliziava il palato con il suo dolce preferito, un bignè al cioccolato ricoperto da una glassa di zucchero rosa, decise di testare le sue figlie per scoprire chi lo amava di più. Così chiese loro: "Cosa significo io per te?".

Tutte le donne accennarono a cose dolci, tranne la figlia più giovane. Lei disse: "Padre caro, tu sei come il sale per me".

Considerando quanto fosse ovvio che il re preferisse il dolce al sale, tutte le sorelle rimasero scioccate nel sentire questa affermazione. Il volto del re divenne rosso per quanto si accigliò per la rabbia. Allora tutti temettero che la principessa più giovane stesse per essere mandata in esilio.

Ma il re si calmò in un istante, quando decise di riflettere sul perché sua figlia avesse detto quella cosa. Lei, la sua figlia minore, amava il cibo salato, molto più del dolce. Il suo modo di esprimere l'amore al padre era dunque diverso e formulato da una prospettiva differente, ma comunque molto valido. Così, controllò la sua rabbia, apprezzò l'opinione della figlia e si costrinse a non agire più in modo impulsivo.

<u>Vedi, questo re è un esempio di una persona emotivamente intelligente.</u>

Il termine intelligenza emotiva è stato coniato nel 1997 da John Mayer e Peter Salovey. Sebbene questo argomento come teoria psicologica sembri essere stato sviluppato solo recentemente in tempi moderni e sia stato oggetto di discussione negli ultimi venticinque anni, il grande filosofo Aristotele aveva accennato all'importanza di controllare e gestire tutte le emozioni, soprattutto la rabbia. Il messaggio di Aristotele sulla gestione della rabbia mostra chiaramente che l'intelligenza emotiva gioca un ruolo importante nella creazione di una società civile dotata di una profonda comprensione. Con lo sviluppo delle metodologie di ricerca accademica, tutti cominciarono a comprendere che le capacità cognitive da sole non sono sufficienti per il successo di una persona nella vita. È necessario avere un certo livello di quoziente emotivo per navigare senza problemi nell'oceano della vita.

L'intelligenza emotiva ha molti altri nomi: quoziente emotivo, intelligenza emozionale o capacità emotive. Una persona emotivamente intelligente è quella che può capire e identificare le proprie emozioni e quelle di tutti gli altri che la circondano. Egli usa la sua conoscenza delle emozioni per prendere decisioni razionali e per ragionare. Proprio come il QI è associato a certe abilità e competenze delle capacità cognitive, allo stesso modo, possiamo trovare il legame tra un'elevata intelligenza emotiva e la presenza di certe soft skills in una persona. Queste abilità includono la capacità di riconoscere, regolare e gestire correttamente le emozioni. Le persone emotivamente intelligenti sono anche più motivate, hanno migliori capacità relazionali e sono generalmente più empatiche delle altre.

L'intelligenza emotiva assicura il successo in tutto ciò che si fa. Una persona con un'intelligenza emotiva superiore eccelle in tutti i campi della vita, che si tratti di studio, di relazioni o di carriera. L'intelligenza emotiva permette a una persona di capire meglio sé stessa e di rendersi conto che anche le persone che la circondano hanno i loro bisogni. Di conseguenza, diventa una persona più empatica. Essere bravi a prendere decisioni razionali è un'arte e non tutti sanno che, prendere decisioni che vanno bene per sé, dipende dalla consapevolezza emotiva. Gestire i propri rapporti con gli altri è impossibile se non è presente la conoscenza emotiva. L'IE rende anche migliore la vita lavorativa di una persona, poiché una persona con un IE superiore può negoziare con gli altri in modo migliore rispetto a un possessore con un medio livello di intelligenza emotiva.

L'intelligenza emotiva è legata anche alla fiducia in sé stessi. Quando si è consapevoli di tutte le proprie emozioni e di tutti i propri sentimenti, si può meglio prendere consapevolezza di essere un essere vivente con tutte le proprie esigenze emotive. L'IE aumenta la propria autostima. Le persone emotivamente intelligenti hanno una grande consapevolezza di sé, che è il fattore chiave per creare un sano rapporto con sé stessi.

L'intelligenza emotiva rende le persone più empatiche, resistenti e motivati. Pertanto, svolge un grande ruolo nell'assicurare il successo nella vita personale e professionale di una persona.

Tutto ciò che di buono e bello dona l'intelligenza emotiva si riflette nella vita di tutti i giorni, non solo nell'ambiente che ci circonda, ma anche nel nostro "io" più profondo. Una persona emotivamente intelligente rifugge al pensiero negativo, rifugge al dubbio e alla possibilità di fallimento. È una persona serena che ha un'immagine di sé nel proprio subconscio che rappresenta un essere sicuro delle proprie capacità.

Prima di tutte le ricerche sui temi dell'intelligenza emotiva, tutti pensavano che fosse impossibile per una persona con una bassa capacità cognitiva sopravvivere senza sentirsi insicura e inferiore agli altri. Pertanto, il quoziente intellettivo ha sempre avuto un ruolo di riguardo all'interno della società. Una persona con un basso QI non era considerata adatta a nulla, sia che si trattasse di ottenere l'ammissione a scuole prestigiose o di svolgere un lavoro in un'organizzazione rinomata. Fortunatamente, nella società moderna, l'IE è ora parte integrante di tutti i colloqui. È diventata la voce di ogni dibattito intellettuale. Il quoziente intellettivo può aiutare una persona a raggiungere un posto di lavoro, ma rimanere lì senza temere una caduta viene assegnato a una persona solo attraverso un'elevata intelligenza emotiva. Non si possono superare gli esami senza imparare le competenze di base dell'IE di gestione dello stress. Non si può rimanere disciplinati senza padroneggiare l'abilità IE di autoconsapevolezza e motivazione. Allo stesso modo, non si può mai essere bravi nei rapporti personali e professionali senza acquisire l'abilità IE dell'empatia. Pertanto, l'intelligenza emotiva è significativa quanto il QI; è forse più necessaria delle capacità cognitive in certi momenti.

Le persone hanno lavorato per trovare il modo di sviluppare e migliorare le loro capacità emotive da quando si è scoperto che le capacità emotive sono abilità, il che significa che possono essere acquisite e migliorate. Le abilità emotive non sono caratteristiche rigide, sono molto mutevoli e, con uno sforzo cosciente, possono evolvere in meglio nel corso degli anni. A questo proposito, molte persone hanno elaborato i loro metodi per afferrare queste abilità. Si possono fare test di intelligenza emotiva come il test EI Mayer-Caruso-Salovey o la valutazione EI di Harvard business review. I punteggi che si ottengono in questi test determinano la linea d'azione per il processo di apprendimento. Proprio come una persona può giudicare la propria abilità nell'arte e poi lavorare su diverse abilità ad essa collegate per arrivare a una posizione relativamente migliore, allo stesso modo giudicare le proprie abilità nell'EI e lavorare sulle abilità emotive può portare una persona ad alto livello di intelligenza emotiva.

Capitolo 1: L'IE ci aiuta a diventare la migliore versione di noi stessi

Gli esseri umani tendono a rimanere nella loro zona di comfort. Tendiamo a non fare sforzi consapevoli per raggiungere il nostro vero potenziale. Non vogliamo mai lavorare per diventare la migliore versione possibile di noi stessi. Questo bisogno di tempo libero è una grande bugia che ci convince che non assumendo rischi e rimanendo nella nostra zona di benessere, in qualche modo ci proteggiamo dai guai e dai danni. Quando una persona si rende finalmente conto che questa è solo una scusa patetica data dalla sua mente, inizia il suo viaggio di intelligenza emotiva da quel momento in poi. Questa realizzazione ti fa iniziare un viaggio di autogestione e autoregolamentazione, che ti porta ulteriormente a liberarti dalle catene della tua mente. Potete imparare ad essere presenti e attenti ai vostri obiettivi, non importa quanto le cose sembrino difficili.

1.1 Migliore salute mentale

Le persone che hanno un'elevata intelligenza emotiva tendono ad avere una migliore salute mentale. Una persona con buone capacità emotive padroneggia tutti i suoi pensieri, sentimenti ed emozioni invece di essere la loro schiava. Sa che può vincere tutte le sue paure e superare tutti gli ostacoli per raggiungere i propri obiettivi. Investe il proprio tempo, la sua energia e i suoi sforzi per imparare cosa significano le diverse emozioni, le loro cause e i loro effetti, come funzionano quando ci sentiamo un certo tipo di modo e come dovremmo comportarci di fronte ai fattori emotivi scatenanti e stressanti. Poiché le persone con un'elevata intelligenza emotiva sono consapevoli di tutti questi aspetti delle loro emozioni, è più facile per loro affrontare tutte le sfide, lo stress, la pressione, il dolore e i fallimenti a testa alta rispetto a coloro che hanno un'IE bassa che, di conseguenza, si confondono con la confusione perché non riescono a capire le proprie emozioni.

I ricercatori hanno scoperto che le persone con un'elevata intelligenza emotiva hanno ridotto i rischi di ammalarsi di depressione, ansia e altri disturbi della personalità. L'alta intelligenza emotiva è rilevante per la capacità di una persona di affrontare le condizioni di stress con grande fiducia e perseveranza. L'IE aiuta a rimanere calmi e composti quando i fattori di stress e i fattori scatenanti ti colpiscono. Le persone con una migliore IE possono combattere gli episodi depressivi e le circostanze che inducono ansia, perché sono in grado di identificare, catturare e controllare le emozioni negative nelle fasi iniziali. Quindi, mostrano grazia sotto pressione e vivono una vita spensierata e gioiosa.

1.2 Eccellere nella vita accademica e professionale

Non è facile farsi un nome nella vita accademica o professionale nel mondo di oggi. La concorrenza è molto agguerrita e il fatto che le risorse del nostro mondo non siano distribuite equamente a tutti rende ancora più difficile per una persona media eccellere negli studi o nella vita lavorativa. Detto questo, ci sono buone notizie per le persone che investono nelle loro capacità emotive. Quando si sviluppano le competenze necessarie per il successo, come la motivazione, la resilienza, la fermezza, la costanza, la perseveranza e la coerenza, ci si trova davanti a tutti gli altri nel gioco. L'intelligenza emotiva aiuta non solo a sviluppare le competenze di cui sopra, ma anche a migliorarle nel corso degli anni.

Gli studi hanno dimostrato che gli studenti con una maggiore intelligenza emotiva tendono a trovare i compiti e le sfide quotidiane più facili rispetto a quelli che non sono così consapevoli o non sono connessi alle loro emozioni. I progressi e le buone prestazioni negli studi non possono essere resi possibili senza la presenza di una motivazione. Gli studenti che hanno sviluppato abilità EI sono auto-motivati, quindi anche se le cose sembrano andare male intorno a loro, la loro capacità di ispirare e motivare sé stessi permette loro di andare avanti. Gli studenti che tengono un diario o un'agenda per tracciare i loro stati emotivi in determinate situazioni hanno più probabilità di ottenere buoni voti. Questi studenti mantengono la mente sana identificando le loro emozioni e successivamente esplorando i modi per sentirsi meglio. Così, quando studiano, sono concentrati e la loro mente non si preoccupa di altri problemi, permettendo loro di studiare con grande interesse e zelo.

Allo stesso modo, nella vita professionale di una persona, l'intelligenza emotiva gioca un ruolo importante. Le persone con un IE migliore trovano facile adattarsi al cambiamento. Hanno migliori capacità di negoziazione e sono adatte a posizioni di leadership. La nostra vita lavorativa è come una piccola società a sé stante. La nostra vita professionale ci richiede di comprendere le prospettive degli altri perché il lavoro di squadra dipende dalla cooperazione e dalla convivenza pacifica. Le persone con un'elevata intelligenza emotiva si mescolano facilmente in folle per trovare e creare elementi relazionabili nelle loro interazioni con gli altri. Sono motivate e possiedono impegno, resistenza, disponibilità a cogliere le opportunità e ad adattare il cambiamento.

1.3 Non sentirsi soli

Una persona con una bassa intelligenza emotiva non può essere felice in questo mondo. È un periodo di social media e feste. Questi social media e la cultura del partito distruggono la capacità di autosufficienza di molte persone. Anche se ci sono più pro che contro dei social media, questo fatto rimane invariato e fa sì che le persone cerchino una convalida esterna invece di imparare ad amare sé stesse. Non importa quanti seguaci o simpatizzanti si trovano su questi siti, la sete rimane inestinguibile perché è una competizione molto malsana con persone provenienti da diverse aree del mondo, persone che non incontreremo mai nella nostra vita. Non si può mai raggiungere la perfezione in questo mondo imperfetto. Così, quando una persona non riesce ad avere abbastanza followers, o solamente attenzione e accettazione della propria persona, cade nella profonda fossa del disgusto di sé. La sensazione di non essere abbastanza bravo prende il sopravvento, e la persona inizia a dubitare delle sue capacità e abilità, il che alla fine lo rende depresso. Questa nebulosità è lo sfortunato dilemma e il dolore di tutte le persone oggi. Si può evitare di cadere in queste trappole se si fa una scelta consapevole di sviluppare migliori capacità emotive.

Le persone che hanno migliori capacità emotive sono i loro migliori amici. La solitudine non li spaventa. Sono felici di mangiare da soli se nessuno vuole unirsi a loro. La solitudine e il silenzio non li mettono a disagio. Possono godersi e valorizzare il loro tempo sulla terra anche senza dipendere da un altro individuo per la felicità. Hanno una grande autostima e non hanno paura di passare da amicizie o relazioni malsane. Le persone con un migliore EQ sono sicure di sé, e tracciano dei confini e definiscono dei limiti con le persone, schermandosi così da ogni possibile tossicità.

Nessuno può imparare l'autosufficienza e l'auto dipendenza senza prima padroneggiare diverse abilità di intelligenza emotiva. Le persone con un buon IE hanno una migliore percezione dei loro desideri, bisogni, abitudini, sentimenti, stimoli, fattori di stress, piaceri e antipatie. Sono più legate a sé stesse, e quindi nessuno le conosce meglio di loro. Quindi non sono mai colpiti dall'odio indesiderato o dalle critiche degli altri. Sono sufficienti per sé stessi. Non hanno bisogno di applausi o di approvazione da parte del mondo per continuare a perseguire i loro obiettivi. Al contrario, continuano ad andare avanti anche se non c'è nessuno a sostenerli nel loro cammino.

1.4 Diventare più felici e più resistenti

Tutti noi abbiamo letto o sentito dire che la felicità dipende più di ogni altra cosa dal nostro atteggiamento, ed è del tutto vero. La felicità è una scelta consapevole. Non è una destinazione. È un viaggio. Molte persone non se ne rendono conto, e restano tristi per anni, cercando di raggiungere la felicità quando dipende solo dallo spostamento della propria mentalità dalla negatività alla positività. Come si può fare? Cercando di essere emotivamente più intelligenti. La nostra felicità deriva dalle emozioni che proviamo. Mentre non scegliamo i nostri sentimenti intrinseci verso certe cose della vita, scegliamo come reagire a quegli impulsi emotivi. Questo processo richiede pratica, proprio come ogni altra capacità acquisibile.

La vita è piena di alti e bassi. Il viaggio della vita è più simile a un viaggio. Non è un viaggio tranquillo. Siamo marinai nell'oceano della vita, e il nostro percorso è quello delle grandi e piccole onde che cambiano continuamente rotta. La vita non è monotona e non è prevedibile. Quindi non c'è garanzia che una persona non cada. Tuttavia, è garantito che se investiamo nelle nostre capacità di intelligenza emotiva, possiamo rialzarci. Anche se andiamo a fondo, possiamo rialzarci e riprovare un'altra volta. Questa capacità è un dono per una persona con un'elevata intelligenza emotiva. Il fallimento non è qualcosa che può impedire a una persona di sognare in alto e di inseguire quei sogni. La felicità, la motivazione e la resilienza sono tutte collegate all'intelligenza emotiva di una persona e sono co-dipendenti. Pertanto, acquisendo le capacità di IE, le persone possono diventare più soddisfatte e contente nella loro vita.

1.5 Adottare abitudini sane e lasciare quelle negative

L'intelligenza emotiva influenza in larga misura la forza di volontà di una persona. È la forza di volontà che si nasconde dietro l'adozione di buone abitudini e l'abbandono di quelle cattive. Le persone intelligenti emotive hanno una conoscenza completa delle loro pulsioni e dei loro desideri, e sanno anche molto bene come controllarsi. Poiché sono profondamente legate alle loro emozioni, possono analizzare le loro debolezze e i loro punti di forza. L'autoregolamentazione è l'abilità IE che aiuta una persona a comprendere e gestire i propri desideri e sentimenti. Lavorare sulle abilità IE permette ad una persona di rafforzare il proprio carattere.

Le persone emotivamente intelligenti sono sempre vigili. Le loro menti sono in allerta quando una cattiva abitudine cerca di entrare nel sistema. Ad esempio, quando si rendono conto che stanno procrastinando, si fermano a riflettere sulle ragioni che li hanno spinti a farlo e poi prendono misure per evitare di procrastinare. Al contrario, le persone con un basso EQ tendono a continuare a ruotare intorno alle paure invece di analizzare il loro stato mentale in quel particolare momento.

Le persone con migliori capacità di IE possono non solo abbandonare facilmente le cattive abitudini, ma anche impedirsi di agire in base agli impulsi e di prendere decisioni guidate dalle emozioni. Sono consapevoli della differenza tra emozioni positive e negative. Pertanto, quando si trovano a inclinarsi verso le emozioni negative, controllano e gestiscono queste emozioni, mantenendo il loro potere decisionale inalterato e inalterato dalle emozioni negative.

Anche l'intelligenza emotiva aiuta la persona ad adottare nuove abitudini sane. Possono presentarsi in palestra ogni giorno, anche sotto la pioggia battente. Possono insegnare alla mente e al corpo l'importanza di avere abitudini sane. Hanno più probabilità di avere hobby e abitudini produttive come lo sport, l'arte e le capacità creative. Oltre ad adottare buone abitudini, fanno in modo di abbandonare le cattive abitudini. Le marche di sigarette hanno una chiara etichetta di avvertimento. Tuttavia, anche dopo aver letto delle conseguenze negative del fumo, una persona con una bassa intelligenza emotiva non si fermerà dal fumare una o due sigarette perché non ha alcun controllo sui suoi desideri e sulle sue pulsioni. Lo sviluppo di cattive abitudini è il risultato dell'incapacità di controllare le proprie pulsioni. Non si può sperare di adottare uno stile di vita più sano senza lasciarsi alle spalle le abitudini e gli hobby tossici. Le proprie capacità di intelligenza emotiva devono funzionare correttamente per motivare una persona a rinunciare alle cattive abitudini e ad esplorare e adottare abitudini, attività e hobby sani.

1.6 Migliore salute fisica

Le persone emotivamente intelligenti hanno capacità di gestione dello stress; sono già più sane di quelle che non sanno nulla dei metodi per affrontare i fattori scatenanti di stress. È noto che lo stress ha un impatto estremamente negativo sulla salute di una persona. Le persone con elevate capacità di IE possono vivere una vita più lunga e più felice rispetto agli altri perché non lasciano che le loro emozioni vadano fuori controllo. Possono controllare la loro rabbia e hanno meno probabilità di cadere nella depressione e nell'ansia, e tendono a non stressarsi per ogni piccola cosa. In questo modo, aiutano il loro corpo a sviluppare una maggiore immunità contro le malattie croniche legate allo stress, come le malattie cardiache, l'ipertensione e il diabete.

Quando una persona non riesce a gestire bene le proprie emozioni, cerca di fuggire dai suoi problemi. Questa fuga lo avvicina ad abitudini che peggiorano la sua salute, come l'alcolismo e l'abuso di droghe. Se impariamo a identificare e gestire le nostre emozioni invece di scappare da esse, possiamo salvarci da queste cattive abitudini. L'intelligenza emotiva è necessaria per adottare uno stile di vita più sano. Mangiare cibo sano, accompagnato dall'evitare le cattive abitudini, seguito da una maggiore intelligenza emotiva, può migliorare la vita personale e professionale di una persona. In questo modo, l'IE aiuta la persona a diventare la sua migliore versione possibile.

Capitolo 2: Migliorare le nostre relazioni con gli altri attraverso l'intelligenza emotiva

2.1 Migliore comunicazione con gli altri

La comunicazione è la chiave di tutte le buone relazioni; ti aiuta a esprimere le tue preoccupazioni e ti permette di comprendere le posizioni e le prospettive degli altri. La ricerca sui legami interpersonali ha dimostrato che le persone con un'elevata intelligenza emotiva sono più brave a comunicare con gli altri rispetto a quelle con poca o nessuna conoscenza della gestione delle emozioni. La comunicazione è un atto di ascolto e di parola. Non si può essere un ascoltatore migliore se manca l'abilità emotiva dell'empatia, allo stesso modo, non si può essere un oratore migliore se non si è padroni dell'arte della compassione. Per rendere efficace la comunicazione, le persone devono ricordarsi di essere gentili sia nel parlare che nell'ascoltare; è qui che la conoscenza emotiva, la consapevolezza e l'informazione saltano fuori per salvarvi dalla difficoltà delle incomprensioni.

Le persone con una migliore intelligenza emotiva tendono ad avere una grande padronanza anche della comunicazione non verbale. Possono percepire i sentimenti degli altri attraverso le loro espressioni anche se non descrivono il problema verbalmente. Le capacità e le abilità dell'intelligenza emotiva aiutano le persone a fare le giuste previsioni sulle emozioni degli altri, poiché sanno come certi stati emotivi cambiano le espressioni facciali e il linguaggio del corpo di una persona. Pertanto, le persone con un alto livello di IE hanno imparato a leggere i pensieri e i problemi non detti e inespressi delle persone. Possono decifrare il vero significato dei silenzi e delle pause nella conversazione e aiutare gli altri a sentirsi a proprio agio e a capire. Queste qualità rendono una persona un amico migliore, con il tutti vogliono passare maggior tempo insieme. Le persone hanno bisogno di legami in cui possano essere capite e accettate, invece di essere sempre criticate o giudicate. Le persone con un'intelligenza emotiva capiscono perché e come gli altri reagiscono sotto pressione o in situazioni di stress. Pertanto, sono più indulgenti nei confronti degli errori altrui e possono guardare oltre il conflitto perché non portano rancore.

2.2 Costruire relazioni e amicizie sane

Si dice che l'uomo sia un animale sociale che ha bisogno di avere altre persone intorno a sé per una vita comoda e pacifica. Alcune persone hanno migliori capacità sociali e altre non sono brave ad essere affollate da gruppi di persone intorno a loro. Anche se le nostre personalità sono diverse e ci è permesso di condurre la nostra vita essendo un introverso o un estroverso, è una nostra scelta, e nessuno ha il diritto di imporci di essere più o meno sociali. Tuttavia, ogni persona ha bisogno di avere almeno un paio di persone a disposizione nei momenti di bisogno. Possono essere i nostri genitori, il coniuge, gli insegnanti, gli amici, i vicini, i terapisti, le infermiere, o anche gli estranei in mezzo alla strada se cadiamo e abbiamo bisogno di una mano per tirarci su. Questa interazione con gli altri determina se alle persone piaci o non piaci come persona. Le persone che hanno una maggiore intelligenza emotiva possono rendere queste interazioni positive. Possono mantenere la loro compostezza e sono calme anche quando la calamità colpisce. Non lasciano uscire la loro rabbia, non si scagliano contro gli altri e sono molto meno inclini a fare i capricci. In questo modo, tutta la loro interazione con gli altri è libera da ogni negatività.

Tutti noi conosciamo almeno una persona nella nostra vita che è molto popolare nella comunità, ha molti amici, e anche il postino ha un'opinione buona su di lui. Cosa rende qualcuno così simpatico, tra tutti gli altri, esattamente? Come è possibile che qualcuno sia ammirato da tutti? Questa cosa apparentemente semplice è piena di complessità; c'è molto sforzo e molta energia nascosta che questa persona popolare mette nelle sue relazioni e nei suoi legami con gli altri. Molti atteggiamenti sembrano semplici ma in realtà sono complessi e difficili. Ad esempio ci vuole molta forza per scegliere il perdono quando una persona ha tutti i mezzi per vendicarsi. Non è facile per noi essere altruisti e pensare alla felicità degli altri piuttosto che alla nostra.

Le persone che sono brave a socializzare hanno una cosa nella comunicazione, ed è un'elevata intelligenza emotiva. Le relazioni lavorano sul principio del dare e avere. Le persone con elevate capacità di intelligenza emotiva sanno che non possono avere aspettative malsane dall'altra persona. A volte dobbiamo fare un sacrificio e dobbiamo metterci nei panni degli altri per vedere la loro prospettiva e capire veramente da dove vengono. Non possiamo farlo senza avere la conoscenza e l'esperienza della gestione delle emozioni e della percezione delle emozioni. Si può trasformare un argomento in una chiacchierata divertente usando abilità soft come l'empatia, il dialogo positivo, la comprensione e l'affetto. Si possono anche evitare dibattiti accesi e conversazioni spiacevoli se ci si ricorda di usare le proprie emozioni in modo saggio e consapevole invece di seguire ciecamente l'impulso.

John Gottman, il rinomato autore di molti libri su EI, sottolinea l'importanza delle capacità di EI nei nostri rapporti in quasi tutti i suoi scritti. Le persone con un alto livello di IE sono a disposizione di altre persone nel momento del bisogno. Rispettano gli altri e ricevono lo stesso rispetto che sanno tracciare i confini e definire i limiti. Se necessario, possono anche uscire facilmente da amicizie e relazioni tossiche, perché sono in grado di identificare la negatività delle altre persone. In questo modo, l'IE ci aiuta nelle nostre interazioni quotidiane con gli altri.

2.3 Un alto IE ti rende una risorsa per i tuoi cari

Amiamo la nostra famiglia e i nostri amici, e non vogliamo mai che siano feriti in alcun modo. Auguriamo sempre il meglio per le persone a cui teniamo. C'è una ragione per cui vengono chiamati i nostri cari. Siamo legati insieme con un nodo d'amore. È meraviglioso che l'intelligenza emotiva possa aiutarci a rendere felici i nostri cari. Quando abbiamo una consapevolezza delle emozioni e della loro elaborazione, possiamo percepire qualsiasi sentimento negativo o triste che consuma le persone a cui teniamo. Avrete notato che quando si è in difficoltà, diventa difficile nascondere i vostri veri sentimenti di dolore alle persone che vi sono vicine. Queste cose accadono perché queste persone care hanno visto le nostre reazioni a certe emozioni in passato. L'intelligenza emotiva lavora magicamente per rendere una persona una risorsa per i suoi cari.

Se qualcuno nella vostra famiglia o tra i vostri amici è triste, le vostre elevate capacità di intelligenza emotiva possono avvertirvi.

La nostra salute mentale è un argomento di grande sensibilità, e con gli enormi problemi che la vita ci pone, è impossibile per una persona essere sempre felice o allegra. Abbiamo modi diversi di reagire sotto pressione e davanti al dolore. Alcune persone sanno gestire bene le emozioni, altre no. Le persone con una bassa intelligenza emotiva possono cadere in preda alla depressione e all'ansia più facilmente di quelle che hanno un QE più alto. Pertanto, tutti coloro che hanno a che fare con questa persona vulnerabile devono tirarlo su di morale, motivarlo e riaccendere il suo amore per la vita.

Le persone con elevate capacità di IE possono identificare i fattori scatenanti nei loro cari. Sono sempre attenti agli stati d'animo e ai comportamenti degli altri che li circondano. Quando vedono qualcuno che fa fatica ad affrontare i problemi della vita, si avvicinano a loro e lo aiutano a rimanere forte. Gli studi sul suicidio spesso dimostrano che i suicidi possono essere evitati se qualcuno nella famiglia o tra gli amici di una persona con tendenze suicide ha una maggiore intelligenza emotiva. Essi sono in grado di individuare le tendenze suicide negli altri in modo molto efficace e di fornire aiuto e terapia in prima persona a queste persone. Le capacità di IE come l'empatia e la gentilezza giocano un ruolo importante in questo senso per salvare altre vite.

2.4 Ruolo dell'IE nel successo del matrimonio e delle relazioni intime.

Il matrimonio è un grande impegno, un impegno di cui molte persone hanno paura. È un legame tra due persone che hanno deciso di stare insieme e di condividere tutti i loro beni, compreso il loro tempo e la loro privacy. Il matrimonio ci impone di scendere a compromessi e di sacrificarci per il nostro coniuge. Non si può sperare in una vita matrimoniale di successo se non si è pronti a comprendere le esigenze del proprio partner. I seguenti fattori determinano il successo di un matrimonio o di una relazione intima.

- Prendersi cura delle esigenze del partner

- Rispettare lo spazio personale del vostro partner

- Fidarsi del proprio partner

- Accettazione e perdono

- Imparare insieme

- Comunicazione efficace

- Mantenere il senso di sé e l'individualità nella relazione.

- Tracciare confini e fissare limiti.

- Rispettando il loro bisogno di distanza a volte.

Le persone con un'elevata intelligenza emotiva non hanno bisogno della convalida e dell'attenzione di fonti esterne. Il loro cuore si accontenta del fatto di essere abbastanza con o senza l'apprezzamento degli altri. Non hanno insicurezze e non hanno bisogno che il loro partner faccia grandi sforzi per sentirsi meglio con sé stessi. Essi derivano la loro felicità da loro stessi, quindi non hanno bisogno di dipendere dagli sforzi del loro partner per sentirsi felici. Queste persone hanno matrimoni di successo, perché non fanno ulteriori sforzi o pressioni inutili sul loro partner.

Un matrimonio o una relazione sana richiede che entrambi i partner accettino il bisogno di privacy dell'altro. Essere in una relazione non dovrebbe essere la fine della propria individualità. Abbiamo anche vite separate, anche dopo aver fatto il nodo. L'intelligenza emotiva ci aiuta a capire l'importanza di rispettare la privacy dell'altro. È ancora possibile incontrare i propri amici e fare progetti con persone che non includono il proprio partner. Si possono avere diverse idee di divertimento. I partner non possono essere uguali in tutti i modi; ci saranno sempre differenze tra voi e il vostro partner. Le persone con elevate capacità di intelligenza emotiva afferrano facilmente questo concetto e capiscono quando il loro partner ha bisogno di tempo personale con i propri hobby come la lettura o la pittura, senza essere interrotto da loro per quel particolare momento. Le competenze di IE ti rendono amabile invece di essere fastidioso. Quando ti prendi cura dei bisogni del tuo partner, questi tende a ricambiare, e in questo modo la tua relazione è piena di felicità.

In questa moderna era dei social media, gli influencer esercitano una forte pressione sulle persone affinché tutto sia perfetto. Questo perfezionismo è molto malsano per le relazioni, perché la vita reale è molto diversa dalle immagini di internet curate e apparentemente senza sbavature. La vostra relazione non è sempre dolce; ci saranno brutti litigi, capricci, sbalzi d'umore e scambi di parole in un clima di rabbia che vi pentirete di aver detto. Se non si dispone di un'elevata intelligenza emotiva per gestire le proprie emozioni e quelle del proprio partner in tali situazioni, è molto probabile che si danneggi il rapporto. Le persone con un'elevata intelligenza emotiva sanno che la perfezione non è raggiungibile in questa vita, quindi sono preparate a tempi imperfetti. Capiscono e accettano i difetti e le imperfezioni del loro partner e li amano comunque, perché non hanno aspettative malsane da parte dell'altro. Le aspettative sane non ti feriscono mai, mentre le aspettative malsane e irrealistiche portano alla delusione, spingendo le persone nelle sabbie mobili di conflitti che non possono mai essere risolti. Pertanto, la consapevolezza emotiva e le abilità come la regolazione delle emozioni e la gestione delle emozioni sono importanti per relazioni sane e di successo.

2,5 EI e ruoli quotidiani

Fare il genitore è un lavoro difficile e richiede un'attenzione costante. Un piccolo errore potrebbe rappresentare una grave minaccia per lo sviluppo della personalità di un bambino. Quando i genitori sono emotivamente stabili e hanno un'elevata intelligenza emotiva, possono svolgere un ottimo lavoro di coaching e di educazione dei figli. Questi bambini crescono per diventare individui sicuri di sé, forti e cittadini responsabili. Sono una risorsa per la società piuttosto che una passività.

Le capacità e le abilità dell'intelligenza emotiva possono rendere migliori tutti i legami. Un medico con un alto indice di IE avrà un legame migliore con i suoi pazienti, poiché essi si sentiranno a loro agio a dirgli i loro problemi perché ricevono vibrazioni positive da un medico che mostra empatia. Un insegnante che capisce le emozioni degli studenti sarà un insegnante migliore.

Un leader emotivamente intelligente ha più probabilità di fare progressi rispetto a chi non sa gestire o controllare le proprie emozioni. Quando riesci a capire i problemi degli altri, sei gentile e compassionevole, le persone che lavorano per te ti saranno grate e saranno più leali alla tua organizzazione.

L'intelligenza emotiva, in questo modo, aiuta a rendere la società cooperativa e coinvolta. Ognuno contribuisce a rendere la vita migliore per l'altro in questo modo.

Capitolo 3: Come l'intelligenza emotiva rende migliore la vita lavorativa

Il quoziente emotivo o le capacità emotive hanno un impatto enorme sul lavoro di una persona. Le persone che hanno una buona padronanza delle proprie emozioni tendono ad avere prestazioni lavorative migliori. Non solo possono ottenere facilmente i lavori desiderati, ma hanno anche maggiori probabilità di essere promossi a livelli migliori più velocemente rispetto alle persone con un basso livello di IE. Le capacità di intelligenza emotiva rendono una persona piacevole tra i gruppi. Affrontano meno conflitti, hanno maggiori possibilità di rimanere ispirati e motivati e sono generalmente soddisfatti del loro lavoro.

Un classico esempio dell'importanza di EI

per le prestazioni lavorative è il caso di Phineas Gage, un ferroviere, che ha perso un grosso pezzo di occhio e il lobo frontale del cervello. Il lobo frontale del cervello umano è la parte che controlla la nostra percezione delle emozioni e la nostra reazione ai sentimenti, alle emozioni e agli stimoli ad esse correlati. Nonostante la perdita del lobo frontale, Gage è sopravvissuto dopo l'incidente, ma c'è stato un notevole cambiamento nel suo comportamento. I suoi colleghi e il suo capo, che erano contenti della sua etica del lavoro e delle sue prestazioni prima dell'incidente, hanno iniziato a descrivere questi cambiamenti in lui che ora era irascibile, combattivo, arrabbiato e fastidioso. Questo incidente portò le persone a studiare più a fondo le emozioni, e divenne presto un argomento importante nelle neuroscienze. Le emozioni, quindi, influenzano indubbiamente in misura immensa la nostra vita lavorativa.

3.1 L'IE aiuta a trovare un lavoro

La nostra vita professionale inizia con un colloquio di lavoro. Questo passo è cruciale, in quanto determina se si farà un passo avanti e si otterrà il lavoro o se sarà un fallimento e si ripiegherà su sé stessi. Durante la preparazione ai colloqui di lavoro, molte persone si concentrano solo sul loro QI e sulle loro qualifiche accademiche. Non si rendono conto che il rendimento di un intervistato ha più a che fare con la gestione e la regolazione delle proprie emozioni che con le sue capacità cognitive. Una persona che ha elevate capacità di intelligenza emotiva può rimanere sicura di sé durante i colloqui. Questa fiducia e questa calma lo aiutano a pensare razionalmente alle domande poste e a rispondere in modo efficiente. Se le nostre emozioni non sono sotto controllo durante l'interrogatorio, diventiamo nervosi e commettiamo errori. Questa cattiva gestione delle emozioni non ci permette di agire con il nostro vero potenziale e la nostra vera forza. Molte persone non riescono ad esibirsi bene in viva voce e nelle interviste a causa della ragione principale per cui non riescono a controllare le loro emozioni negative.

La maggior parte delle grandi organizzazioni include domande per valutare l'intelligenza emotiva del candidato. Mentre le domande generali sulle qualifiche e sulla carriera accademica sono facili da rispondere, le domande come 'quali sono secondo te le tue caratteristiche più forti e più deboli' sono richieste per la valutazione emotiva di una persona. Pertanto, le domande soggettive e personali sono un po' complicate da rispondere, in quanto richiedono consapevolezza di sé e gestione delle emozioni. Le persone con un'elevata intelligenza emotiva hanno il completo controllo delle proprie emozioni; la loro risposta ai fattori di stress e alle situazioni di pressione è migliore rispetto a quelle con un basso EQ.

La prossima volta che vi preparate per un

colloquio, tenete la gestione delle emozioni come priorità assoluta nella vostra lista di misure preparatorie. Le vostre capacità di EI contano più del vostro aspetto o dell'aspetto del vostro CV. Quando vi sedete in poltrona per il colloquio, le vostre elevate capacità di IE vi aiutano ad avere un buon linguaggio del corpo, una buona padronanza di sé e un grande carisma, tutti elementi importanti per una buona prestazione durante il colloquio. C'è sempre una persona nella commissione per il colloquio che valuta la vostra personalità e le vostre capacità emotive. Lavorate sulle vostre capacità di IE, poiché il vostro QI da solo non è sufficiente a garantirvi un buon lavoro in questo mondo di dura competizione.

3.2 Un'organizzazione emotivamente intelligente produce i migliori risultati

Il nostro ufficio è come una piccola società, in cui ognuno di noi porta la propria cultura, la lingua, la civiltà e le buone maniere. Gli uffici in questo modo sono un luogo di diversità. Mentre le persone in genere amano la diversità, i conflitti nascono se ci sono troppe differenze di opinione. Gli uffici hanno bisogno di lavoro di squadra e di cooperazione. Un'organizzazione ottiene i migliori risultati se tutti si sforzano di cooperare e di coesistere pacificamente senza drammi, nonostante tutte le differenze. Tutti i colleghi devono lavorare insieme con armonia e coerenza. Senza questo lavoro di squadra, l'intera organizzazione subisce grandi perdite. La formazione dei dipendenti per sviluppare migliori capacità di intelligenza emotiva aiuta a rendere il luogo di lavoro un luogo ideale dove tutti capiscono i problemi dell'altro, cooperano, si empatizzano e aiutano gli altri colleghi. I dipendenti che lavorano in organizzazioni dotate di intelligenza emotiva sono generalmente liberi da stress e molto soddisfatti del loro lavoro.

Il rendimento complessivo dei dipendenti in un'organizzazione emotivamente intelligente è molto diverso da quello di chi lavora in uffici ordinari. Di solito le persone iniziano a mostrare cattive prestazioni nella loro vita lavorativa quando non sono contente dell'ambiente che induce stress nell'ufficio e hanno colleghi che li maltrattano, li odiano, li escludono o mancano loro di rispetto. Le ricerche hanno dimostrato che le organizzazioni che offrono formazione EI nel periodo di prova mostrano risultati e successi migliori rispetto ad altri uffici in cui non viene impartita alcuna formazione. Quando tutti i colleghi che lavorano sotto lo stesso tetto iniziano a trattarsi l'un l'altro come una famiglia e sono gentili e compassionevoli, l'ufficio diventa un luogo fiorente, motivante e creativo. Le persone amano lavorare in organizzazioni emotivamente intelligenti dove non ci sono drammi. Hanno la libertà di essere creativi con il loro lavoro e si sentono a proprio agio a condividere idee e a negoziare con gli altri con grande convenienza. Un'organizzazione di questo tipo raggiunge l'apice del successo in poco tempo, poiché tutti dimostrano la stessa passione e la stessa lealtà con il lavoro. In questo modo, gli obiettivi collettivi dell'organizzazione diventano facilmente raggiungibili.

3.3 Intelligenza emotiva e leadership

Negli ultimi vent'anni, la letteratura sulla rilevanza della leadership e dell'intelligenza emotiva è arrivata in prima linea. Alcuni manager e dirigenti non riescono a essere un buon leader nonostante abbiano grandi capacità cognitive e qualità impressionanti. Alcune aziende vanno in bancarotta anche quando in superficie tutto sembra perfetto - Vi siete mai chiesti perché accadono queste cose? Uno dei motivi principali di tali fallimenti e perdite è la mancanza di leadership del capo esecutivo/dirigente. Sia che lavoriate sotto qualcuno o che abbiate persone che lavorano per voi, dovete essere consapevoli del ruolo dell'intelligenza emotiva nella leadership. Ci sono molti libri incredibili legati all'IE e alla leadership che insegnano a tutti come essere liberi da stress nella vita professionale. Le cinque componenti dell'intelligenza emotiva di

Daniel Goleman dovrebbero essere padroneggiate per essere più bravi nella leadership.

Questi componenti sono i seguenti:

- Empatia e gentilezza
- Autoconsapevolezza
- Motivazione
- Autoregolamentazione
- Competenze sociali

Un buon leader non solo sa come controllare le proprie emozioni, ma riesce anche a percepire le emozioni negative nei suoi dipendenti. El rende la leadership più facile perché i leader che hanno un quoziente emotivo sanno bene che non devono prendersela con i loro dipendenti quando sono arrabbiati. Possono rimanere calmi e gentili, non fare capricci e non urlare agli altri. Quando vuole infondere l'amore e la lealtà per il lavoro nei suoi dipendenti, lo fa praticamente dando loro l'esempio da seguire. La sua buona etica del lavoro, la sua morale, la sua diligenza e il suo duro lavoro ispirano i suoi dipendenti ad adottare le stesse abitudini nel loro lavoro. Le emozioni di un leader hanno un impatto gigantesco sulle emozioni delle persone che lavorano per lui; quando il leader tiene sotto controllo le sue emozioni negative e riconosce le emozioni degli altri, li ispira a migliorare le loro prestazioni lavorative. L'atteggiamento positivo del leader emotivamente intelligente mantiene i suoi dipendenti positivi e motivati.

Le capacità di intelligenza emotiva aiutano un leader ad acquisire competenze soft che sono importanti per il successo della sua organizzazione. La prima abilità è la consapevolezza di sé; la conoscenza di un leader di come funzionano le sue emozioni lo aiuta a controllarle. L'autoregolamentazione lo aiuta a ricordare che lasciare libere le sue emozioni negative può causargli inutili sfoghi o atti di arroganza, con un impatto negativo sulle prestazioni lavorative dei suoi dipendenti.

L'abilità di motivazione IE aiuta il leader ad essere un individuo ispirato mentre solleva gli altri intorno a sé. Quando un leader è motivato, i suoi dipendenti tendono ad essere energici nel raggiungere gli obiettivi. Le abilità sociali di un leader lo rendono un miglior comunicatore e negoziatore. Ascolta e parla con attenzione e con gentilezza. L'elevata intelligenza emotiva rende un leader più simile a un amico per i suoi dipendenti, che sanno di poter contare sul loro leader. Fanno del loro meglio per ricambiare la sincerità del loro titolare essendo più diligenti nel loro lavoro. In questo modo, un leader altamente intelligente dal punto di vista emotivo continua ad avere più successo dei comuni manager e dirigenti.

3.4 L'alto IE ti rende un lavoratore migliore nel complesso

Gli studi hanno dimostrato che l'intelligenza emotiva gioca un grande ruolo nel rendere la vita lavorativa di una persona libera da stress e migliore. Il caso di Phineas Gage dimostra il coinvolgimento delle nostre emozioni nelle prestazioni e nell'efficienza del nostro lavoro.

Sia che siate un nuovo dipendente o che lavoriate in un ufficio per diversi anni, avete bisogno di capacità di intelligenza emotiva per costruire i fattori che vi rendono simpatici nei gruppi. Questi fattori includono:

- gestione dello stress
- disponibilità a cogliere nuove opportunità
- l'attitudine al go-get-it (vai a prendertelo)
- Pensiero creativo
- empatia e cooperazione
- positività e ottimismo
- fiducia in sé stessi e motivazione
- Buona capacità di comunicazione
- buona etica del lavoro
- duro lavoro e diligenza

Tutti questi fattori fanno parte delle proprie elevate capacità di intelligenza emotiva. Non si può sperare di essere grandi nel proprio lavoro senza prima acquisire i tratti di personalità di cui sopra. Le persone che hanno una maggiore intelligenza emotiva sono generalmente più soddisfatte del proprio lavoro rispetto a quelle che non sono così brave a gestire le proprie emozioni. Quando si è emotivamente stabili, si può lavorare senza lasciare che i fattori di stress influiscano negativamente sulle proprie prestazioni. L'IE ci aiuta a mantenere la nostra attenzione sul lavoro perché la nostra integrità personale e la nostra coscienza ci chiedono di essere sinceri nel nostro lavoro, evitando così distrazioni e agendo sui nostri impulsi.

Una maggiore intelligenza emotiva nelle persone le rende più sicure di sé; sono pronte a cogliere tutte le opportunità. Non hanno paura di correre rischi, sono creativi nel loro modo di lavorare e non si preoccupano delle dure critiche dei colleghi. Quando si impara a controllare le proprie emozioni invece di lasciarsi controllare da loro, si rimane felici. Hai un atteggiamento positivo su tutto, il che rende il tuo rendimento nel lavoro migliore di prima. Le vostre capacità di IE vi aiutano anche a capire i sentimenti dei vostri colleghi. Potete comunicare con loro ed entrare in empatia con loro, guadagnandovi una buona reputazione, simpatia e grandi amici. L'IE ti rende privo di autostima, permettendoti di uscire da te stesso per un po' di tempo e di pensare obiettivamente ad ogni situazione, facendoti diventare una persona imparziale, ed è uno dei requisiti fondamentali per un buon lavoro di squadra. Si dovrebbe lavorare sulle proprie capacità di intelligenza emotiva per avere un tempo di qualità nella propria vita professionale.

3.5 Intelligenza emotiva nelle diverse professioni

Quando si ha un alto quoziente emotivo, si può fare bene in qualsiasi campo professionale perché si può evitare i conflitti, risolvere i problemi, presentare le idee, entrare in empatia con gli altri, capire le esigenze degli altri, motivare sé stessi e i propri colleghi, estendere e ricevere sostegno. Elevate capacità di intelligenza emotiva sono la chiave per ottenere buoni risultati in tutti i vostri progetti. Sia che lavoriate in un ufficio come principianti, sia che gestiate una piccola impresa o che siate l'amministratore delegato di una grande azienda, non potete ottenere i risultati che desiderate nella vostra professione senza elevate capacità emotive.

In ogni professione, le capacità emotive sono importanti da padroneggiare per una persona. Non si può essere un medico o un infermiere empatico senza avere buone capacità emotive, perché questo porterà i pazienti in un luogo di non fiducia.

Non puoi essere un pilota se non gestisci le tue emozioni o le tue fobie sugli incidenti aerei. L'IE conta più di qualsiasi altra professione nel campo dell'istruzione, perché insegnanti e studenti devono avere un buon legame per rendere il processo di apprendimento efficace e fruttuoso. Un insegnante con elevate capacità di intelligenza può facilmente rilevare l'ansia da esame nei suoi studenti e motivarli a fare meglio. Le persone con un alto livello di IE possono leggere le espressioni facciali delle altre persone, rendendo più facile per loro raggiungere gli altri. Gli insegnanti con grandi capacità di intelligenza emotiva sono bravi nella comunicazione non verbale e capiscono quando uno studente non riesce a cogliere un punto che sta spiegando nelle loro lezioni. Quindi, lo ripetono senza che lo studente debba chiedere.

Questi sono alcuni dei modi in cui le nostre

capacità di intelligenza emotiva o le nostre abilità soft aiutano a migliorare la nostra vita lavorativa. Se vogliamo avere una buona vita professionale, dobbiamo imparare a padroneggiare le nostre emozioni.

Capitolo 4: Il QI senza QE non è sufficiente per avere una vita di successo

Prima di scoprire e fare progressi nelle teorie dell'IE, il QI era un grande argomento nelle neuroscienze e nella psicologia. Le emozioni non sono venivano prese in considerazione durante l'assunzione di nuovi dipendenti in grandi organizzazioni o durante i test di ammissione di studenti in istituti prestigiosi. Le persone venivano giudicate solo in base alle loro capacità e competenze cognitive. Tuttavia, ora le cose sono diverse; le persone ora capiscono l'importanza delle competenze EI, gli intervistatori cercano candidati che abbiano un buon QE, ottenere l'ammissione a buoni istituti accademici non è possibile senza mostrare buone prestazioni nei test di valutazione EI. La scienza moderna ha dimostrato che la nostra personalità è incompleta senza elevate capacità emotive e che è necessario avere un buon QI e un buon QE per avere successo ed eccellere in tutte le fasi della vita.

Il Quoziente Emotivo è legato alla capacità di una persona di valutare, comprendere, controllare, gestire ed esprimere emozioni. Un EQ dignitoso è necessario per le interazioni sociali, il lavoro di squadra, la leadership e le relazioni interpersonali.

Il **Quoziente di Intelligenza** è un punteggio che si ottiene nei test relativi alle capacità cognitive come la risoluzione dei problemi, la conservazione delle informazioni, il ragionamento logico, ecc. Un alto QI assicura il successo nell'ottenere buoni voti e buoni lavori.

Ci sono test per valutare il QI e l'IE delle persone, sono presenti anche metodi per acquisire e migliorare entrambe le abilità.

4.1 L'IE è più importante del QI?

La questione è stata oggetto di dibattito per diversi anni. Ci sono due diverse scuole di pensiero che hanno opinioni opposte al riguardo. È come se il mondo fosse diviso in due parti; le persone che pensano che il QI sia più importante l'IE da una parte e quelle che preferiscono l'IE all'IE sono dall'altra. QI contro QE è un dibattito che risale a molti anni fa.

Ci sono stati molti studi e ricerche a questo proposito, e i risultati sono quasi sempre fluttuanti. A volte il quoziente intellettivo è più pesante, altre volte l'equalizzazione è più pesante sulla bilancia. Nonostante le persone che tifano per il QI cerchino di dimostrare il contrario, è ampiamente accettata l'idea che il QE ha un'importanza uguale, se non maggiore, rispetto al QI.

Avere grandi capacità di intelligenza emotiva o di soft skills è a volte più necessario che avere un alto QI. Se una persona ha un basso QI, si comporterà male solo nella sua vita accademica o professionale. Tuttavia, grazie alle sue abilità trasversali, otterrà comunque il sostegno dei suoi amici e della sua famiglia e sarà motivato a provare di nuovo ad avvalersi di altre opportunità. Tuttavia, supponiamo che una persona abbia un basso quoziente emotivo. In tal caso, fallirà nella vita professionale, ma non avrà nemmeno le capacità sociali per fare amicizia e avere buoni rapporti con altri esseri umani. È ovvio quale sia il peggiore. Possiamo sopravvivere senza soldi per un po' di tempo; possiamo continuare a cercare e a sfruttare diverse opportunità. Ma non possiamo sopravvivere senza il sostegno, l'amore, l'affetto e la gentilezza dei nostri cari.

Avere problemi finanziari non è peggio che avere problemi nelle nostre relazioni interpersonali. Il tuo QI ti aiuta a vincere in situazioni che probabilmente portano del bene agli altri e le tue grandi capacità cognitive funzioneranno per il miglioramento dell'organizzazione di qualcun altro. In confronto, un migliore quoziente emotivo migliora la parte della tua vita che conta di più; i tuoi legami con gli altri esseri umani. Pertanto, avere un basso QI può essere compensato con un buon QI, ma ci sono poche o nessuna possibilità di condurre una vita felice e appagata senza avere elevate capacità emotive.

Il QI può aiutare una persona a raggiungere una posizione elevata nella sua vita accademica o professionale, ma rimanere radicati in quella posizione senza cadere è un dono concesso solo dall'alto QE. Diciamo che le tue qualifiche sul tuo curriculum ti aiutano ad ottenere un lavoro, entri nell'organizzazione e ti rendi conto che il carico di lavoro o l'inutile maleducazione da parte dei colleghi ti sta sfuggendo di mano; cosa farai in una situazione del genere se non sai come gestire e regolare le tue emozioni? Lo stress ti divorerà, le tue capacità cognitive saranno compromesse, non negozierai con gli altri, non avrai amici sul posto di lavoro e le tue prestazioni lavorative saranno insoddisfacenti. Tutte queste cose insieme ti porteranno stress e problemi in tutto il campo lavorativo. Tuttavia, supponiamo che tu abbia elevate capacità emotive. In questo caso, potrai gestire al meglio qualsiasi situazione negativa, lavorare senza stress, gestire bene le critiche, rimanere positivo e motivato e avere rapporti amichevoli con tutti sul posto di lavoro - tutte queste cose combinate insieme contribuiranno a rendere la tua vita professionale eccitante e divertente.

Le persone con un alto QI hanno voti migliori nei loro rapporti accademici, ma questo non significa necessariamente che abbiano più successo, siano più soddisfatti e felici nella vita rispetto a quelli con un basso QI. La ricerca ha dimostrato che le persone con un'elevata intelligenza emotiva possono condurre a vite felici e soddisfatte, anche se non possiedono un grande QI. Essere felici ha molto più a che fare con la gestione delle emozioni di una persona che con le medaglie e le distinzioni nella sua vita accademica o professionale. A cosa servono le medaglie se una persona cade nella fossa oscura della depressione o sviluppa disturbi della personalità come il bipolarismo o l'ansia? Un alto quoziente emotivo aiuta le persone a raggiungere il successo nella loro vita personale e professionale, mantenendo sani i loro rapporti interpersonali, dando così un senso alla loro vita.

Le persone con un alto QI a volte possono essere egoiste con il loro tempo, perché vogliono eccellere in ogni campo. Sono costantemente in competizione con altre persone dello stesso calibro. Questo tipo di gara può rivelarsi molto tossica e fa sentire le persone inappagate e mai completamente soddisfatte della propria vita. Pur rimanendo concentrati sui loro obiettivi accademici/professionali, le persone con un alto QI e un basso QE tendono a ignorare i loro rapporti con la famiglia e gli amici. Non c'è niente di male a lavorare sodo per permettersi non solo i nostri bisogni ma anche i lussi. Tuttavia, se questo desiderio non viene tenuto sotto controllo, può far sì che una persona sia distante e non sia coinvolta nella vita dei suoi cari, il che è dannoso per le relazioni e le amicizie. È possibile salvare i rapporti con gli altri esseri umani anche se non si dispone di buona memoria o di tecniche di risoluzione dei problemi. Ma non si può sperare di raggiungere questo obiettivo senza avere le qualità emotive di compassione, empatia, affetto, gestione della rabbia e perdono.

4.2 Avere un alto QI ha anche molti lati negativi

Si sentono sempre dolci parole sull'importanza di avere un alto QI. Forse siamo tutti solo intimiditi dai buoni voti o dai risultati e le medaglie luccicanti sugli scaffali delle persone altamente intelligenti. Per una volta, proviamo a vedere l'altro lato della medaglia che non è molto luminoso. Le persone che hanno un QI più alto sono davvero felici nella loro vita? Avete mai pensato perché Ernest Hemingway ha menzionato la rarità della felicità nelle persone intelligenti? Vi siete mai chiesti perché persone come Virginia Woolf e Sylvia Plath si sono suicidate nonostante abbiano una mente meravigliosamente creativa? Perché queste persone che hanno un alto QI e un grande talento finiscono per essere depresse?

È interessante notare che le persone con capacità cognitive superiori se la cavano così bene in tutti i campi della loro vita, ma hanno più probabilità di essere depresse o di affrontare altri disturbi della personalità e problemi di salute. Avere un alto QI rende una persona intelligente; potrebbe vivere una vita apparentemente perfetta con la sua ammissione alle migliori università e lavorare in organizzazioni prestigiose. Eppure, tutto questo luccichio non è necessariamente sempre oro. Non sappiamo mai con cosa abbia a che fare questa persona. Per quasi tutta la sua esistenza lei vive come una continua competizione, cercando di vincere ogni gara, guadagnandosi l'invidia, la gelosia, l'odio per gli altri lungo il cammino, compromettendo la qualità del cibo e del sonno mentre si lavora sodo per ottenere i risultati desiderati. Tutto questo suona molto tossico, non è vero?

È dimostrato dalla ricerca che le persone che hanno un QI più alto ma non possiedono una buona intelligenza emotiva cadono nelle sabbie mobili oscure delle competizioni malsane. Non sono mai completamente soddisfatti della vita che conducono. Sono sempre alla ricerca di ottenere sempre di più. Questo desiderio è una sete molto malsana che non può mai essere soddisfatta; non si può avere tutto perfetto nella vita. Le persone con un quoziente intellettivo più alto desiderano rendere tutto perfetto, lavorano molto duramente per ottenere i risultati perfetti. Tuttavia, sappiamo tutti che la perfezione è irraggiungibile, per cui queste persone molto intelligenti, non avendo alcun controllo sulle emozioni e sulla brama di perfezionismo, non riescono a trovare un equilibrio tra la vita lavorativa e la vita personale. Ciò può causare molti problemi anche a livello di salute personale che di solito viene messa in secondo piano rispetto al lavoro.

La salute mentale di persone con alti livelli di QI che non sanno come gestire le proprie emozioni non è molto buona. Quando continui a cercare di correre dietro al successo, ignori la tua salute mentale, non sai come gestire lo stress, non hai idea di come essere più empatico con le persone che ti circondano, sei più vulnerabile ai disturbi della personalità. L'ansia e la depressione sono molto comuni nelle persone con un alto QI. La ricerca in questo campo ha dimostrato che queste persone hanno maggiori probabilità di avere ADHD (Disturbo da deficit di attenzione e iperattività), OCD (Disturbo Ossessivo-compulsivo) e Disturbo Bipolare.

Al contrario, si perde molto poco se si ha un

basso QI ma un QE più alto. Cosa potrebbe andare male al massimo se non si dovesse ottenere il massimo dei voti nei risultati accademici o se non si riuscisse a trovare subito un lavoro? Sarete comunque motivati, senza stress, ottimisti e pronti a riprovarci perché siete in grado di gestire le vostre emozioni negative; sapete bene che è meglio non soffermarsi su fallimenti o difficoltà. E allora, cosa succede se si cade? La vostra capacità di IE vi aiuterà a rimanere perseveranti e forti. E se non riusciste ad ottenere il primo posto? La vostra forza emotiva vi ricorderà di mantenere la competizione sana e non ne farai mai un gran problema. Le persone che hanno un cattivo IE hanno molto più di te da perdere.

Tutto ciò evidenzia quanto sia importante imparare a gestire e controllare le nostre emozioni. Senza avere elevate capacità di IE, una persona non può condurre una vita sana ed equilibrata. Se si vuole portare appagamento, soddisfazione, gioia e pace nella propria vita, si dovrebbe essere disposti a migliorare le proprie capacità di intelligenza emotiva.

4.3 Insieme è meglio

Se da un lato è importante sapere che l'IE è importante quanto il QI, dall'altro non è proficuo continuare a girare a spirale intorno alla questione di quale sia più importante. La verità è che entrambi hanno una grande importanza. Entrambe le capacità sono acquisibili e migliorabili con la pratica, allora perché non raggiungere entrambe invece di dimostrare l'importanza di una rispetto all'altra? Nulla può impedirvi di raggiungere l'intelligenza cognitiva ed emotiva se siete motivati ad apprendere le capacità, e quindi fare in modo che questa conoscenza venga applicata nella vostra vita pratica.

È stato dimostrato da psicologi e neuroscienziati che non esiste un QI che da solo possa garantire il successo di una persona in tutto ciò che fa. Tuttavia, quando vediamo una persona che ha una combinazione di capacità di intelligenza emotiva con capacità cognitive, questo diventa la quintessenza dell'intelletto. Questi sono gli standard intellettuali indispensabili per tutti.

Capitolo n.5: Modi per sviluppare elevate capacità di intelligenza emotiva

Quando ti rendi conto di quanto sia importante avere elevate capacità emotive, desideri migliorare le tue capacità di IE per beneficiarne nella tua vita personale e professionale. Questo capitolo ti aiuterà a capire come potete farlo e fino a che punto è possibile migliorare le capacità di IE o di soft skills.

5.1 Si possono apprendere le capacità di intelligenza emotiva?

Negli ambienti accademici è in corso un dibattito sulla possibilità di imparare, adattarsi, sviluppare e migliorare le capacità di intelligenza emotiva. Anche se alcuni cercano di dimostrare il contrario, la verità è una sola: queste abilità possono essere insegnate o apprese come qualsiasi altra abilità. Non solo, con la pratica e le esperienze continue, le abilità e le capacità legate all'intelligenza emotiva possono essere migliorate nel tempo. Ci sono state molte ricerche su questo argomento. Tutti i risultati dimostrano che le nostre competenze emotive possono essere migliorate proprio come le nostre capacità cognitive, perché le emozioni non sono caratteristiche rigide intrinseche; sono abilità. Qualsiasi capacità o abilità può essere appresa attraverso sforzi coscienti. Quando una persona diventa consapevole del coinvolgimento delle sue emozioni nelle relazioni personali e interpersonali e nella vita lavorativa, vuole naturalmente migliorare le sue abilità EI come l'autogestione, l'empatia, le abilità sociali, la motivazione e l'autoregolamentazione.

Come ogni altra abilità, l'apprendimento delle abilità IE richiede sforzo, tempo, dedizione e pratica. Ci sono molti modelli e tecniche fornite da psicologi e neuroscienziati su questo argomento. Sono disponibili anche molti grandi libri che aiutano le persone a migliorare le loro capacità di intelligenza emotiva.

5.2 Fasi di apprendimento dell'intelligenza emotiva

C'è un modo sistemico di imparare ogni abilità, e lo stesso vale per l'apprendimento o l'adozione di nuove soft skills legate all'intelligenza emotiva. C'è una maggiore possibilità di acquisire un'abilità EI se si sperimenta e si scoprono le cose da soli, perché ognuno è diverso. Se sei un principiante assoluto e non sai da dove cominciare, puoi usare i passi indicati di seguito e poi analizzare ciò che funziona meglio per te.

Leggi la letteratura sull'intelligenza emotiva

È il primo passo nel cammino verso una maggiore intelligenza emotiva. Ci sono tantissimi articoli e libri disponibili su questo argomento. Potete scegliere quale parte delle vostre emozioni deve essere lavorata e migliorata, e poi leggere il materiale pertinente. Gli autori che sono apprezzati per i loro sforzi in materia di EI e i cui libri sono acclamati dalla critica sono Daniel Goleman, Peter Salovey, John Mayer, Travis Bradberry e Richard Boyatzis. Leggere molto aiuta a conoscersi e a conoscere le diverse emozioni e il modo di riconoscerle a seconda della propria personalità.

Autovalutazione

Una volta fatta la vostra ricerca sulle emozioni e le loro funzioni, siete pronti a fare l'autovalutazione delle vostre emozioni. Pensate a cosa vi fa sentire felici, tristi, depressi, depressi, arrabbiati, delusi, feriti, eccitati, motivati, stressati, ottimisti e a proprio agio. Poi fate delle liste separate delle vostre emozioni positive e negative.

Riconoscere i propri punti di forza e di debolezza emotivi

Pensate ai complimenti e alle critiche che avete ricevuto nella vostra vita sulla vostra personalità. Forse gli amici ti hanno fatto i complimenti per, diciamo, la tua capacità di rimanere motivato. Questa è la tua forza emotiva. Ora, analizzate se avete qualche tendenza negativa nell'uso delle emozioni; potrebbe essere qualsiasi cosa; forse vi stressate per cose che gli altri potrebbero trovare del tutto normali, o potreste arrabbiarvi per cose che non necessariamente inducono rabbia negli altri. Buttate giù queste indicazioni sulle vostre emozioni.

Esecuzione di test di valutazione EI

Supponiamo che trovi difficile analizzare le tue capacità di intelligenza emotiva da solo, o che tu non sia sicuro dei tuoi punti di forza o di debolezza emotiva. In questo caso, potete prendere le valutazioni dell'intelligenza emotiva fornite da diversi psicologi, neuroscienziati e autori. Di seguito è riportato l'elenco dei test EI che potete effettuare per comprendere meglio le vostre capacità emotive.

- Emotional Intelligence Test (versione 2.0) di John Mayer, Peter Salovey e Caruso.

- la scala dell'Intelligenza Emotiva di Schutte

- L'inventario dei quozienti emotivi, alias (EQ-i-2.0)

- PEC (Profilo della competenza emotiva) di Brasseur & Mikolajczak

- Il questionario TEIque (Trait Emotional intelligencce) del Dr. K. V. Petrides

Questi test vi aiuteranno a capire le vostre emozioni e la vostra risposta ad esse. Dovete capire a che punto siete nella vostra crescita emotiva per fare sforzi per migliorare di conseguenza.

Superare i tuoi trigger e le tue fobie

Dopo aver valutato le emozioni, si è più consapevoli dei fattori scatenanti e delle fobie in sé stessi, e si possono anche capire le ragioni che si celano dietro di essi. Dopodiché, si può facilmente lavorare per eliminare questi fattori scatenanti. Supponiamo che abbiate sviluppato una fobia al sangue che potrebbe essere scatenata quando vedete oggetti affilati, siano essi forbici, coltelli o persino carta. Una volta identificata e riconosciuta la presenza di questa paura, potete allora cercare aiuto per impedire che questa fobia vi disturbi nella vostra vita normale.

Imparare a vedere i punti di vista degli altri

Ci vuole molto impegno e molta pratica per uscire dalla propria personalità e analizzare la situazione in modo obiettivo. Per fare questo, una persona deve accettare i propri errori e non giudicare gli altri. La verità è che tutti noi siamo esseri umani, e siamo fatti per commettere errori, impariamo commettendo errori, nessuno nasce perfetto, nessuno padroneggia alcuna abilità il primo giorno, quindi quando vi trovate ad essere scortesi con gli altri inutilmente, date un'occhiata ai vostri stimoli emotivi e assicuratevi di non agire d'impulso. Prendete decisioni razionali e scegliete di essere gentili durante le discussioni per non rimpiangere di aver detto cose negative che non intendevate dire in seguito. Sforzarsi di essere gentili è un ottimo esercizio pratico per imparare ad essere emotivamente intelligenti. Con il tempo inizierai a distinguere durante le conversazioni tratti emotivi fino a poco prima sconosciuti.

Imparare a prendere bene le critiche

Abbiamo tutti una mentalità, opinioni, atteggiamenti, comportamenti, gusti e antipatie diverse nella vita. Queste cose sono molto soggettive e personali. Variano da persona a persona; le nostre idee sono generalmente diverse. Con tutte queste differenze, le critiche degli altri sono inevitabili.

A volte questa critica non è molto gentile e può ferire i nostri sentimenti. Anche se è una pillola difficile da inghiottire, la critica ha molto valore se impariamo a fare dono delle parti che ci aiutano a fare bene o a diventare migliori e ignoriamo le parti dolorose, maleducate e meschine che non ci servono a niente. Per esempio, supponiamo che il vostro insegnante vi rimproveri per aver fatto male nel vostro compito. Il suo tono potrebbe essere scortese e meschino, ma se scegliete di ignorarlo e fate attenzione alle parole in cui l'insegnante spiega i vostri errori, potete imparare lezioni preziose per aiutarvi a fare del bene in tutti i vostri prossimi compiti.

Al contrario, se continuate a soffermarvi sul fatto che il tono dell'insegnante era troppo severo, e lasciate che le vostre emozioni si diffondano ovunque, potreste iniziare a piangere o a sentirvi insultati, e questo vi toglierebbe la possibilità di imparare una lezione positiva dalla situazione. In questo modo, avere buone capacità di IE ti insegna quali parti della critica devi conservare per migliorare e quali non considerare.

Devi imparare le capacità di intelligenza emotiva per mantenere la calma in tutte le situazioni. Mantiene più sani e sereni i tuoi rapporti interpersonali e sarai un allievo migliore in tutte le fasi della tua vita. Perché avrai sempre da imparare e sempre qualcuno che criticherà le tue scelte. Sforzati di comprendere e non limitarti ad assorbire tutto, anche ciò che può farti emotivamente male. In questo modo inizierai anche a comprendere il perché dell'uso di determinati toni. Qualcosa che oggi consideri un rimprovero potrebbe benissimo trasformarsi in una frustrazione personale di chi sta cercando in tutti i modi di farti comprendere qualcosa che può essere utile per te.

5.3 Migliorare le proprie capacità di IE

Quando avrete padroneggiato la conoscenza delle vostre emozioni, potrete lavorare sulla capacità di EI. La nostra capacità di IE consiste in diverse abilità che ci rendono più forti ed emotivamente più sani. Queste abilità sono le seguenti:

1. Consapevolezza di sé:

Questa abilità è legata alla domanda:

Conosci te stesso? Sei consapevole della tua profonda conoscenza del tuo stato d'animo, del tuo atteggiamento, dei tuoi sentimenti e delle tue emozioni? Avere questa conoscenza è il primo passo; il fatto che il nostro EQ sia basso o alto dipende dalla mancanza di questa conoscenza.

2. Auto-percezione:

La nostra percezione di noi stessi è il modo in cui pensiamo a noi stessi. Ci rispettiamo? Ci abbandoniamo ai discorsi negativi su noi stessi? Amiamo o odiamo il nostro corpo? Avere un alto IE migliora l'auto-percezione di una persona e ha un effetto positivo dimostrato sulla sua autostima.

3. Auto-motivazione:

Questa parte dell'abilità dell'IE è legata al modo in cui una persona mantiene la testa alta durante le condizioni di stress o quando è davanti ad un palese fallimento. Non importa quale sia la situazione intorno a te, puoi rimanere motivato a tirarti fuori dalle acque tormentate e nuotare fino a riva se hai un'IE elevata. La motivazione aiuta una persona ad andare avanti, a non rimanere mai in cattive condizioni e a fare sempre degli sforzi pur rimanendo ottimista. La motivazione è anche il fattore nascosto dietro il potere creativo di una persona; quando si è motivati, è più probabile che si pensi in modo creativo a tutto nella propria vita. È possibile creare soluzioni e nuove strade per il successo.

4. Auto-regolamentazione:

L'autoregolamentazione è la capacità di una persona di tenere sotto controllo le proprie emozioni e reazioni a quegli impulsi emotivi. Avere un alto EI non significa non provare emozioni di due tipi: negative e positive. L'alto IE è legato alla rimozione degli aspetti negativi e alla costruzione dei lati positivi delle emozioni. Le emozioni positive sono necessarie per tenerci fermi, umili, compassionevoli e umani. Ci aiutano a rimanere gentili con noi stessi e con le persone che ci circondano. D'altra parte, le emozioni negative come la rabbia, le insicurezze, la paura, la solitudine e la malinconia ci impediscono di condurre una vita sana e di avere buoni legami con gli altri. Pertanto, bisogna imparare a differenziare le emozioni, a migliorare gli aspetti positivi delle emozioni e ad ignorare i lati negativi delle emozioni.

Essere emotivamente intelligenti non vuol dire dunque non provare emozioni negative ma saperle riconoscere e di conseguenza prendere le giuste contromisure.

5. Abilità sociali:

Questa parte dell'abilità dell'IE, come suggerisce il titolo, è legata alle nostre interazioni con le altre persone nella società. La nostra simpatia e la nostra popolarità tra i gruppi dipendono dalle nostre abilità sociali. Queste abilità sociali includono un'efficace comunicazione verbale (essere un buon ascoltatore e un buon oratore), una buona comunicazione non verbale (leggere le espressioni facciali delle persone, il linguaggio del corpo e i gesti), la gestione delle relazioni, il rispetto degli altri e la risoluzione dei conflitti. Quando si migliorano le proprie capacità di IE, è probabile che si notino dei progressi nelle abilità sociali.

6. Empatia:

A cosa serve un essere umano che non ha umanità in sé?

A cosa serve una vita condotta senza servire a nulla di buono all'umanità? A cosa serve la nostra felicità se il nostro vicino di casa è in lutto da solo? A cosa servono le tue braccia muscolose se non aiutano a sostenere persone speciali? A cosa servono le vostre capacità se non aiutate le persone con disabilità? A cosa serve il vostro frigorifero pieno di cibo se il senzatetto fuori dal vostro garage sta morendo di fame?

L'empatia è una delle abilità più preziose che si ottengono padroneggiando la propria capacità di IE. Ti rende una risorsa per tutti coloro che attraversano il tuo percorso. Condividere i fardelli degli altri e aiutarli nel momento del bisogno ti dà una soddisfazione eterna come nessun'altra cosa.

7.   Capacità di autogestione

Questo elemento della capacità di IE migliora il modo in cui una persona gestisce le proprie emozioni. Impedisce di prendere decisioni basate sui propri impulsi. Gestire le proprie emozioni ti rende la vita più facile mentre prendi il controllo della tua vita, e vivi ogni singolo minuto di essa con concentrazione, consapevolezza e coscienza. Una vita condotta in questo modo è una benedizione non solo per il proprio essere, ma anche per i propri cari.

Potete migliorare le vostre capacità di intelligenza emotiva lavorando su questi semplici passi e applicando queste conoscenze a diversi aspetti della vostra vita quotidiana. Il raggiungimento di un EQ più elevato richiede pratica, diligenza e dedizione. Siate coerenti con i vostri sforzi in questo senso. Valutate le vostre emozioni di tanto in tanto. Migliorate le vostre conoscenze su questo argomento, prendete eventualmente lezioni private.

5.4 Meditate

Praticate la meditazione consapevole, perché vi mantiene coscienti e presenti sulle cose che state sperimentando, tiene sotto controllo le vostre emozioni, vi permette di controllarle. Con il passare del tempo vi dona l'abilità della riflessione che creerà più spazio tra l'impulso e l'azione, quindi aiutandovi a rispondere con attenzione invece di reagire in modo insensato. La ricerca ha dimostrato che le persone che hanno l'abitudine quotidiana di praticare la meditazione consapevole per venti minuti hanno un EQ migliore e più elevato. Lo dovete a voi stessi di essere la migliore versione possibile di voi stessi. Comincerete a notare un cambiamento nella vostra salute mentale quando le vostre capacità di intelligenza emotiva saranno migliorate e perfezionate

Conclusione

Non abbiamo bisogno di capacità cognitive come Einstein, per condurre una vita felice. Non abbiamo nemmeno bisogno di scrivere canzoni d'amore per i nostri partner come il Sonetto 18 di Shakespeare per rendere forte il nostro rapporto. Condurre una vita felice e soddisfacente è molto semplice se impariamo a gestire le nostre emozioni. Se ci imbarchiamo nel viaggio di esplorazione del nostro io interiore, possiamo dare un senso alla nostra vita, proprio come Rumi l'ha descritta come il viaggio più importante che si possa fare.

Passiamo tutta la vita alla ricerca della vera felicità. A volte associamo la felicità al successo nei nostri esami; altre volte pensiamo che il denaro possa portare felicità e pace nella nostra vita. Non ci rendiamo conto che niente al mondo può portarci gioia se il nostro atteggiamento verso la vita non è positivo. La nostra intelligenza emotiva gestisce il nostro atteggiamento. Quando una persona impara a gestire e controllare le sue emozioni negative e a far fronte alla negatività e allo stress che gli altri gli mettono intorno, diventa una persona felice. Un'elevata intelligenza emotiva insegna alla persona a rimanere soddisfatta e calma in tutte le circostanze. Questa soddisfazione nella vita ci avvicina moltissimo alla gratitudine e alla felicità. Non importa dove ti trovi, non importa quale sia la situazione intorno a te, un'elevata intelligenza emotiva può aiutarti a superare tutte le tue fobie e le tue mancanze senza essere intimidito o preoccupato. Non c'è alcuna garanzia che la vita sarà mai più facile, ma se si impara ad essere più forti adottando elevate capacità di IE, la vita smette di spaventarvi.

Le persone con un'elevata intelligenza emotiva attraversano tutte le parti e le fasi della loro vita, senza essere disturbate dalle difficoltà, e niente può fermarle. Quando piove sulla vostra strada, le vostre alte capacità emotive funzionano come un ombrello per non farti bagnare. In passato, la gente pensava che le abilità cognitive, come la buona memoria, fossero tutto ciò che rende una persona speciale e straordinaria. Con lo sviluppo delle neuroscienze e della psicologia, l'immensa importanza dell'IE è apparsa in superficie. Nel mondo moderno, la competizione è dura; per raggiungere una buona posizione, si può usare il proprio QI, ma per conservarla senza ripercussioni, è necessario avere elevate capacità emotive.

Persone come Daniel Goleman, Peter Salovey, John Mayer, Travis Bradberry e Richard Boyatzis hanno contribuito alla ricerca relativa all'intelligenza emotiva. Negli ultimi quindici anni, il ruolo dell'EI nella leadership è diventato un argomento di discussione per la città. Le persone che hanno un alto quoziente emotivo sono leader migliori. Le loro organizzazioni producono risultati migliori rispetto alle aziende di quei manager e CEO che hanno un basso EQ. Un buon leader deve avere empatia per i suoi dipendenti. Allena con i suoi esempi invece che con spiegazioni superficiali. Sa che le sue emozioni influenzano coloro che lavorano per lui, quindi le usa per motivare e ispirare i suoi dipendenti. Le persone che lavorano in organizzazioni con a capo persone altamente intelligenti dal punto di vista emotivo tendono a mostrare un migliore lavoro di squadra e grandi risultati, che a sua volta serve a portare buona reputazione, prestigio e successo sia al leader che alla sua azienda. In questo modo, EI gioca un grande ruolo nella gestione aziendale e nella leadership efficace. L'intelligenza emotiva delle persone e le competenze soft vengono messe in evidenza nei colloqui di lavoro. Se volete essere selezionati per un buon lavoro con un bel salario, dovete lavorare sul vostro EQ oltre che sul QI.

Avere un'elevata intelligenza emotiva

garantisce il successo di una persona in tutti i campi della vita. I nostri legami con i nostri genitori, i nostri figli, i nostri insegnanti, i nostri colleghi, i nostri vicini e chiunque altro su questo pianeta dipendono dalla forza delle nostre capacità di intelligenza emotiva. Queste abilità includono l'autogestione, la consapevolezza di sé, l'empatia per gli altri, l'auto-motivazione, la motivazione degli altri, l'autoregolamentazione e le abilità sociali come la comunicazione efficace. Queste abilità possono essere apprese e migliorate con la pratica, proprio come tutte le altre abilità e capacità. È tutto nelle nostre mani, sia che cerchiamo di diventare più bravi a controllare le nostre emozioni, sia che diventiamo schiavi dei nostri sentimenti e delle nostre emozioni. La nostra salute emotiva determina il nostro successo nelle relazioni, nel lavoro e nella crescita personale. Le buone capacità di IE aiutano anche a rendere una persona autosufficiente e autosufficiente; una persona del genere non sente il bisogno di essere circondata da persone per sentirsi bene. Ama la propria compagnia e non ha bisogno di attenzioni o convalide da parte degli altri. La sua autovalidazione è sufficiente per lui.

Avere un'elevata capacità di intelligenza emotiva aiuta le persone a diventare il loro miglior sé possibile. Migliora la loro salute mentale in diversi modi; hanno meno probabilità di sviluppare disturbi della personalità; hanno le loro emozioni sotto controllo; sono generalmente più soddisfatti, grati e contenti di altre persone. L'eccellenza nella vita personale e professionale dipende anche dalla stabilità emotiva e dalle capacità di una persona. Le buone capacità soft skills aiutano le persone ad affrontare con grazia le situazioni di stress e di pressione. Le capacità di IE sono alla base della capacità di una persona di controllare i propri impulsi e, in questo modo, si riducono le possibilità di acquisire dipendenze e cattive abitudini. Per raggiungere il successo in tutte le parti della nostra vita, dobbiamo essere saldi, resistenti, fiduciosi, motivati, perseveranti e coerenti. Tutte queste qualità sono rilevanti per il modo in cui gestiamo e controlliamo le nostre emozioni. Quindi, migliorando le nostre capacità di IE, possiamo cambiare in meglio tutta la nostra vita.

L'elevata intelligenza emotiva è un fattore attivo per migliorare le proprie relazioni intime; fa sì che le persone rispettino i bisogni e i confini dell'altro, garantendo il successo della relazione o del matrimonio. Le persone che sono altamente intelligenti nell'uso delle loro emozioni mantengono i loro partner felici e soddisfatti. Una migliore presa sulle emozioni è importante anche per sviluppare la fiducia l'uno nell'altro. Anche se compaiono dei conflitti, la gestione delle emozioni e la regolamentazione aiutano i partner a dare priorità alla risoluzione del problema invece di litigare senza senso.

Dobbiamo imparare a vivere la nostra vita in modo consapevole, prendendo il controllo di ogni emozione che proviamo.

Dovremmo sederci al posto di guida della nostra vita, non lasciare che le emozioni prendano il controllo. Acquisire le abilità di IE e padroneggiarle è uno dei modi più semplici per sentirsi felici e in pace.

Intelligenza Emotiva

Copyright ©2021 - Hayden J. Power

All rights reserved.

Questo libro è pubblicato con l'unico scopo di fornire informazioni pertinenti su argomenti specifici per i quali è stato fatto ogni ragionevole sforzo per assicurare che siano trattati in modo accurato e ragionevole.

fornito il consenso esplicito da parte dell'autore.

Inoltre, le informazioni che si possono trovare immediatamente all'interno delle pagine descritte devono essere considerate accurate e veritiere quando si tratta di raccontare i fatti.

In quanto tale, qualsiasi uso, corretto o scorretto, delle informazioni fornite renderà l'autore libero da responsabilità per le azioni intraprese al di fuori del suo ambito di diretta competenza. Indipendentemente da ciò, non ci sono scenari in cui l'autore originale o l'Editore possano essere ritenuti responsabili in qualsiasi modo per eventuali danni o difficoltà che possono derivare da una qualsiasi delle informazioni qui presenti.

Per loro natura, le informazioni sono presentate senza alcuna garanzia circa la loro validità prolungata nel tempo.

Eventuali marchi presenti o personaggi famosi sono stati menzionati senza consenso scritto e ciò non può in alcun modo essere considerato un'approvazione da parte del titolare del marchio o del personaggio stesso. Eventuali citazioni sono presenti a scopo puramente informativo e didattico.